P. Max I. Cappabianca OP
und P. Cletus Wingen OP

Die Perlenkette des Glaubens

Den Rosenkranz beten & meditieren

benno

Mit Maria das Leben Jesu betrachten

»Schmeckt nicht, gibt's nicht«, heißt eine der vielen Kochsendungen. Der bekannte Koch will den Menschen vermitteln, dass es gar nicht schwer ist, schnell und schmackhaft zu kochen, und vor allem, dass es Freude macht.

Wir wollen hier kein Kochbuch vorlegen, sondern versuchen, Ihnen das Rosenkranzbeten schmackhaft zu machen. Der Rosenkranz ist zwar nicht von den Dominikanern erfunden worden, aber er ist eng mit der Geschichte des Predigerordens verknüpft. Wir sind davon überzeugt, dass diese Gebetsform auch heute noch eine wertvolle Hilfe sein kann, um mit Maria das Leben Jesu zu betrachten und in das Geheimnis seines Lebens und Sterbens einzutreten.

In dem vorliegenden Buch finden Sie Informationen über die »Technik« des Rosenkranzbetens, Meditationen über die vier Rosenkranzzyklen, einige Überlegungen zu möglichen Schwierigkeiten beim Vollzug und Auszüge eines Briefs unseres Ordensmeisters Carlos Azpiroz Costa zur »Wiederentdeckung des Rosenkranzes«.

Durch das Hörbuch wollen wir Sie einladen, mit uns zu beten.

Wir, das sind die Novizen der deutschsprachigen Dominikaner in Worms, begleitet durch P. Max Immanuel Cappabianca OP, Redakteur bei Radio Vatikan, und P. Cletus Wingen OP, Promotor für den Rosenkranz. Die Texte in dem vorliegenden Begleitbuch wurden von den Novizen verfasst. Die Illustrationen sind einem Gemälde von Guido Reni entnommen: „Die Übergabe des Rosenkranzes an den Heiligen Dominikus“ – Ein klassisches Motiv der christlichen Ikonographie, das weite Verbreitung gefunden hat. Die Photographien sind im Dominikanerkloster Worms aufgenommen worden. Es gibt viele Möglichkeiten, sich des beiliegenden Hörbuches zu bedienen: beim Autofahren, bei sportlichen Aktivitäten mit Hilfe eines MP3-Players oder auch bei stereotypen Beschäftigungen im Haushalt oder ganz bewusst, um mit uns zusammen den Rosenkranz zu beten. Die Aufnahmen sind in der Pfingstnovene entstanden. Wir bitten den Heiligen Geist, dass er Ihnen die Freude schenke, diese alte Gebetsform für sich zu entdecken und dadurch Ihren persönlichen Glauben zu vertiefen.

P. Max Immanuel Cappabianca OP
P. Cletus Wingen OP

Den Rosenkranz beten

Der Rosenkranz beginnt am Kreuz, indem man sich bekreuzigt und betet:
Im Namen des Vaters und des Sohnes und des Heiligen Geistes. Amen.

Dann folgt das Apostolische Glaubensbekenntnis:

Credo
Ich glaube an Gott, den Vater, den Allmächtigen,
den Schöpfer des Himmels und der Erde,
und an Jesus Christus, seinen eingeborenen Sohn, unsern Herrn,
empfangen durch den Heiligen Geist,
geboren von der Jungfrau Maria,
gelitten unter Pontius Pilatus,
gekreuzigt, gestorben und begraben,
hinabgestiegen in das Reich des Todes,
am dritten Tage auferstanden von den Toten,
aufgefahren in den Himmel;
er sitzt zur Rechten Gottes, des allmächtigen Vaters;
von dort wird er kommen, zu richten die Lebenden und die Toten.

Ich glaube an den Heiligen Geist, die heilige katholische Kirche,
Gemeinschaft der Heiligen, Vergebung der Sünden,
Auferstehung der Toten und das Ewige Leben.
Amen.

Nun kommt man zur ersten Perle, bei der gebetet wird:

Gloria Patri
Ehre sei dem Vater und dem Sohn und dem Heiligen Geist,
wie im Anfang, so auch jetzt und alle Zeit und in Ewigkeit. Amen.

Pater Noster
Vater unser im Himmel,
geheiligt werde dein Name.
Dein Reich komme.
Dein Wille geschehe, wie im Himmel, so auf Erden.
Unser tägliches Brot gib uns heute.
Und vergib uns unsere Schuld,
wie auch wir vergeben unsern Schuldigern.
Und führe uns nicht in Versuchung,
sondern erlöse uns von dem Bösen.

Es folgen drei Perlen. Sie stehen für das dreimalige Ave Maria, in denen um die drei göttlichen Tugenden gebetet wird:

Ave Maria
Gegrüßet seist du, Maria, voll der Gnade,
der Herr ist mit dir.
Du bist gebenedeit unter den Frauen,
und gebenedeit ist die Frucht deines Leibes,
Jesus,...
Bei der ersten Perle: ... *der in uns den Glauben vermehre.*
Bei der zweiten Perle: ... *der in uns die Hoffnung stärke.*
Bei der dritten Perle: ... *der in uns die Liebe entzünde.*
Heilige Maria, Mutter Gottes, bitte für uns Sünder
jetzt und in der Stunde unseres Todes. Amen.

Zum Abschluss der dritten Perle wird wieder das **Gloria Patri** gebetet:

Gloria Patri
Ehre sei dem Vater und dem Sohn und dem Heiligen Geist,
wie im Anfang, so auch jetzt und alle Zeit und in Ewigkeit. Amen.

Nun folgt die Vaterunser-Perle des ersten Rosenkranzgesätzes (von „Satz"), zu der gebetet wird:

Pater Noster

Vater unser im Himmel,
geheiligt werde dein Name.
Dein Reich komme.
Dein Wille geschehe, wie im Himmel, so auf Erden.
Unser tägliches Brot gib uns heute.
Und vergib uns unsere Schuld,
wie auch wir vergeben unsern Schuldigern.
Und führe uns nicht in Versuchung,
sondern erlöse uns von dem Bösen.

Dann folgen die zehn Perlen des ersten Gesätzes. Jede Perle steht für ein Ave Maria:

Ave Maria

Gegrüßet seist du, Maria, voll der Gnade, der Herr ist mit dir.
Du bist gebenedeit unter den Frauen,
und gebenedeit ist die Frucht deines Leibes,

Jesus, ... (hier wird das jeweilige Gesätz wiederholt)
Heilige Maria, Mutter Gottes, bitte für uns Sünder
jetzt und in der Stunde unseres Todes. Amen.

Nach der zehnten Perle wird das **Gloria Patri** gebetet:

Gloria Patri
Ehre sei dem Vater und dem Sohn und dem Heiligen Geist,
wie im Anfang, so auch jetzt und alle Zeit und in Ewigkeit. Amen.

Danach kommt die Vaterunser-Perle der nächsten zehn Ave Maria-Perlen (zweites Gesätz). Wie oben beschrieben, wiederholt sich die Abfolge Pater Noster – zehnmal Ave Maria (mit dem jeweiligen Gesätz) – Gloria Patri, bis alle fünf Gesätze des Rosenkranzes betrachtet wurden.

Der Rosenkranz endet mit dem letzten Gloria Patri.

Freudenreiche Geheimnisse:

Jesus, …
… den du, o Jungfrau,
vom Heiligen Geist empfangen hast.
… den du, o Jungfrau,
zu Elisabeth getragen hast.
… den du, o Jungfrau,
(zu Betlehem) geboren hast.
… den du, o Jungfrau,
im Tempel aufgeopfert hast.
… den du, o Jungfrau,
im Tempel wiedergefunden hast.

Am Anfang steht der freudenreiche Rosenkranz. Wenn man den ganzen, den großen Rosenkranz als ein „Lehrbuch" für das Leben Jesu verstehen möchte, mit Maria als Figur, die durch die Kapitel führt (vgl. Johannes Paul II.: *Rosarium Virginis Mariae, 1*), haben wir es bei dem freudenreichen Rosenkranz mit den ersten Kapiteln zu tun. Dem „Schüler" werden Empfängnis, Geburt und Kindheit Jesu nahegebracht. So wird der Grundstein gelegt für die folgenden Zyklen von Wirken, Tod und Auferstehung Jesu Christi, eines Menschen und Gottes, der das Angesicht der Welt wie kein Zweiter verändert hat. Wozu aber den freudenreichen Rosen-

kranz beten, wenn die meditierten „Geheimnisse“ von Geburt und Kindheit so unscheinbar wirken? Beim Rosenkranz verhält es sich wie bei einem ganz normalen Lehrbuch, denn bevor man in die Tiefe gehen kann, muss man das „kleine Einmaleins“ beherrschen. Und so ist es auch beim Leben Jesu: Zunächst muss Jesus Christus vorgestellt werden, bevor man die Tiefe und Tragweite seines Handelns hören, verstehen und weitertragen kann.

Schon in der Unscheinbarkeit seines irdischen Kommens strahlt das machtvolle Handeln Gottes auf. Er ist unser Heiland und Erlöser und somit auch unsere Hoffnung. Der freudenreiche Rosenkranz meditiert Jesus als

Bringer der Freude, der vom Engel des Herrn angekündigt und Maria vom Geist Gottes geschenkt worden ist. Schon vor seiner Geburt bringt Jesus Freude, als Maria Elisabeth besucht, die durch das wunderbare Wirken Gottes noch in ihrem hohen Alter einen Sohn empfangen hatte (vgl. Lk 1, 36). Johannes, der die Verbindung vom Alten zum Neuen Testament darstellt, hüpfte dabei *„voll Freude in ihrem Leib“* (Lk 1,44).

Trotz der widrigen Geburtsumstände – die Wanderschaft, die fehlende Herberge und die Geburt im Stall – sind auch die Ereignisse in Betlehem Augenblicke höchsten Jubels für Maria und Josef, für die Engel, Hirten und Weisen aus dem Morgenland und somit auch für die gesamte Menschheit.

Im Gegensatz dazu stehen die beiden folgenden, letzten Geheimnisse von Aufopferung und Wiederfinden im Tempel. Sie weisen eine unübersehbare Diskrepanz auf zwischen Freude und sich ankündigendem „Drama“ (Johannes Paul II.: *Rosarium Virginis Mariae*, 20). Der Kontrast besteht zwischen der Freude des Simeon und der Verheißung des Schwertes, das durch die Seele Marias dringen soll; zwischen Verlieren und Wiederfinden des kleinen Jesus.

Über die Freude wird der Beter eingeführt in das heilsgeschichtliche Wirken Jesu, in sein Evangelium, in seine frohe Botschaft. Dem Menschen wird Hoffnung geschenkt, denn, von Gott aus Liebe in die Welt gesandt, macht sich Jesus ganz klein und nimmt die Sünden dieser Welt auf sich, um den Menschen zu erlösen.

Der lichtreiche Rosenkranz

Lichtreiche Geheimnisse:

Jesus, …
… der von Johannes getauft worden ist.
… der sich bei der Hochzeit in Kana offenbart hat.
… der uns das Reich Gottes verkündet hat.
… der auf dem Berg verklärt worden ist.
… der uns die Eucharistie geschenkt hat.

Die lichtreichen Geheimnisse wurden 2002 von Papst Johannes Paul II. eingeführt und können als Brücke verstanden werden von der Geburt und Kindheit (freudenreicher Rosenkranz) zur Passion Jesu (schmerzhafter Rosenkranz).

Papst Johannes Paul II. begründet die Bezeichnung als „lichtreicher“ Rosenkranz folgendermaßen: *„Wenn wir von der Kindheit und dem Leben in Nazaret zum öffentlichen Wirken Jesu übergehen, führt uns die Betrachtung zu jenen Geheimnissen, die in besonderer Weise ‚Geheimnis des Lichtes‘ genannt werden können. Tatsächlich ist das ganze Geheimnis Christi Licht. Er ist das ‚Licht der Welt‘ (Joh 8,12). Diese Dimension kommt allerdings in den Jahren seines öffentlichen Auftretens besonders zum Ausdruck, als er das Evangelium vom Reich verkündet.“* (Johannes Paul II.: *Rosarium Virginis Mariae*, 21)
Der lichtreiche Rosenkranz nimmt fünf besondere Ereignisse aus dem Leben und Wirken Jesu auf. Alle diese Ereignisse prägen das Leben von Christen durch die Zeit bis heute.

Er beginnt mit der Taufe Jesu durch Johannes im Jordan, bei der er sich als Unschuldiger unter die Sünder begibt. Es ist der Anfang des öffentlichen Wirkens, und auch für den Christen heute ist die Taufe der Zeitpunkt, an dem er den alten Menschen ablegt und Christus anzieht (vgl. Eph 4, 22f).
Das zweite Geheimnis möchte in schlichter Einfachheit zeigen, was Jesus in die Welt bringt: Freude in Fülle! Sein erstes Wunder ist

nicht die Heilung eines Kranken, sondern auf einer Hochzeit die Verwandlung von Wasser zu Wein. Dies geschieht auf die Bitte seiner Mutter Maria hin, die das Programm christlichen Lebens vorgibt: „Was er euch sagt, das tut!“ (Joh 2,5). Geheimnis des Lichtes ist auch die Verkündigung des Reiches Gottes und der Vergebung der Sünden. Dies ist Jesu Dienst des Erbarmens an uns, der bis heute im Sakrament der Buße den Menschen nahe ist.

Das lichtreiche Geheimnis schlechthin ist das vierte Geheimnis: „Jesus, der auf dem

Berg verklärt worden ist". In diesem Ereignis bereitet Jesus die Jünger auf die schwere Zeit der Passion vor, indem er für alle erkennbar in göttlicher Glorie erstrahlt. Lassen auch wir uns von seinen Worten und Werken durch die schwierigen Zeiten unseres Lebens geleiten.
Das letzte Geheimnis handelt von der Einsetzung der Eucharistie, die Quelle, Mitte und Gipfel christlichen Lebens ist. Durch seinen Leib und sein Blut ist er uns auf unbegreifliche Weise nahe – bis er kommt in Herrlichkeit.

Dieser jüngste Rosenkranz deckt auf sehr schöne Weise alle wichtigen Bereiche des christlichen Lebens ab. In sehr demütiger Art wird die schlichte und einfache Hingabe Jesu für den Beter spürbar. Die fünf Geheimnisse zeigen auf, dass er für unser Heil zur Welt gesandt wurde und dass durch ihn unser Leben neu geworden ist.

Der schmerzhafte Rosenkranz

Schmerzhafte Geheimnisse:

Jesus, ...
... der für uns Blut geschwitzt hat.
... der für uns gegeißelt worden ist.
... der für uns mit Dornen gekrönt worden ist.
... der für uns das schwere Kreuz getragen hat.
... der für uns gekreuzigt worden ist.

Das Betrachten der Passion Jesu gibt eine Antwort auf die schrecklichen Dinge, die Tag für Tag über unsere Bildschirme flimmern und manche von uns am eigenen Leib erfahren müssen: auf Leid, Unrecht, Mord, Rache. Diese Scheußlichkeiten werden weder verdeckt noch verniedlicht in den schmerzhaften Rosenkranzgeheimnissen, ganz im Gegenteil! Der gekreuzigte Jesus vom Karfreitag, der ist ja auch ein Ermordeter, ein Misshandelter und Gequälter, ein Opfer. Und wenn eine Welt selbst den Gottessohn tötet, also jemanden, der absolut gut, wahrer Gott und wahrer Mensch ist, dann ist sie durch nichts zu beschönigen oder zu verniedlichen. Friedrich Nietzsche kommt denn auch zu der treffenden Feststellung, die Gewaltexzesse der Welt seien die „älteste und gründlichste

Festfreude des Menschen“, der „Rausch der Grausamkeit“.

Christus aber macht Schluss damit. Er, der durch und durch unschuldig, gerecht und gut war, hat dem bösen Treiben ein Ende gemacht. Er hat sich auf das Spiel der Gewalt eingelassen. Und er hat die Gewalt besiegt. Nicht indem er sich mit größerer Gewalt gegen sie zur Wehr gesetzt hätte, sondern die Gewalt hat sich an ihm zu Tode getobt. An der Gewaltlosigkeit Christi ist die Gewalt zerbrochen. Er hat sich bis zum Ende zu keinem bösen Wort provozieren lassen. Er hat sogar seinen Peinigern am Ende noch vergeben und damit eine neue Art von Sieg eingeführt, die der heilige Augustinus mit drei Worten definiert: „Victor, quia victima“, „Sieger, weil Opfer“. Sieger über Verlogenheit, Intrigen, Verrat, Neid, weil Gott seinen Sohn hat auferstehen lassen. Er hat ihm damit Recht gegeben. Er hat ein für allemal erklärt, wer Recht hat und wer nicht; auf welcher Seite Wahrheit und Gerechtigkeit und auf welcher Seite Irrtum und Lüge sind; wer der eigentliche Sieger ist, und wer nur vordergründig das letzte Wort hat.

Gott hat reagiert auf den grausamen Tod Jesu, indem er erklärt: „Eure Grausamkeit ist gerade nicht die meine. Was ihr euch als Grausamkeit ausgedacht und ausgeheckt habt, beantworte ich mit Liebe und Vergebung.“ So wandelt Gott die Grausamkeit um. Er braucht sie nicht, er hat sie nicht nötig. Er beantwortet sie mit der schärfsten

Antwort auf Gewalt und Mord, die sich denken lässt: Er lässt Christus auferstehen!

Unser Gott ist kein abgehobener Gott in den Höhen, der uns unserem Schicksal überlässt; Er geht mitten hinein. Unser Gott hat wirklich unser Leid gelitten. Darum ist Hoffnung in diesem Leiden, Hoffnung und Sieg, weil sein Leiden nicht ohne Antwort geblieben ist. Der Schrei am Kreuz ging nicht ins Leere. Jesu Schrei hat die schönste Antwort überhaupt erhalten: Gott hat ihn auferstehen lassen. Die Liebe lässt sich nicht töten. Niemals!

Der glorreiche Rosenkranz

Glorreiche Geheimnisse:

Jesus, …
… der von den Toten auferstanden ist.
… der in den Himmel aufgefahren ist.
… der uns den Heiligen Geist gesandt hat.
… der dich, o Jungfrau, in den Himmel aufgenommen hat.
… der dich, o Jungfrau, im Himmel gekrönt hat.

Die Geheimnisse des glorreichen Rosenkranzes sind gewissermaßen die Krönung aller Rosenkranzgeheimnisse. Sie geben der Freude um die Geburt Jesu in Betlehem, dem lichtreichen Wirken Jesu von der Taufe im Jordan bis zur Einsetzung der Eucharistie und den schmerzhaften Erfahrungen vom Ölberg bis zum Kreuzeshügel Golgata erst ihren wirklichen, zielführenden und heilbringenden Sinn.

Ohne die Auferstehung wäre Jesus Christus vielleicht in die Geschichte eingegangen als Prophet und Lebensvorbild, der ein tragisches Ende genommen hat. Die Auferstehung Jesu Christi, die im ersten glorreichen Geheimnis betrachtet wird, hebt das Leben und Sterben unseres Herrn aus dem

Menschlichen ins Göttliche. Mit der Auferstehung kann die unter dem Kreuz anfänglich keimende Erkenntnis Jesu als Sohn Gottes, als Erlöser der Welt, sich Bahn brechen: *„Wahrhaftig, dieser Mensch war Gottes Sohn."* (Mk 15,39) Zunächst zaghaft und verängstigt nehmen die Jünger die unglaubliche Botschaft der Frauen auf, denen der Engel am leeren Grab sagt: *„Er ist nicht hier; denn er ist auferstanden, wie er gesagt hat."* (Mt 28,6) Die Begegnungen mit dem Auferstandenen treiben sie mehr und mehr hinaus, um von der einzigartigen Erlösungstat Gottes den Menschen zu erzählen.

In seiner Himmelfahrt, die das zweite glorreiche Geheimnis betrachtet, offenbart der Herr eindrücklich und endgültig sein

Einssein mit Gott. Er fährt auf in den Himmel und kehrt heim zum Vater – ganz als Mensch und ganz als Gott. Er nimmt seine Menschlichkeit mit in sein göttliches Reich und eröffnet damit allen gläubigen Menschen die Möglichkeit, zukünftig an seiner Gottheit teilzuhaben.

Das Pfingstereignis schließlich, die Sendung des Heiligen Geistes – das Zentrum der glorreichen Geheimnisse – entfesselt die Jünger nun endgültig. Sie treten hinaus, erfüllt von der neuen immerwährenden Gegenwart Gottes im Heiligen Geist, und verkünden die Heilsbotschaft Jesu Christi, ihres Herrn. Es ist eine frohe, eine einfache Botschaft, die jeder verstehen kann und die sich wie ein Lauffeuer verbreitet: Gott ist die Liebe,

und er hat sie uns in seinem Sohn Jesus Christus einmalig, einzigartig und unwiderruflich offenbart. Wir brauchen uns nicht mehr zu fürchten, denn Gott hat in seinem großen Erlösungswerk den Tod ein für allemal besiegt und uns ein Leben in seiner Herrlichkeit in Aussicht gestellt. Das ist unsere große Hoffnung und Zuversicht, das ist Jesu Zusage an uns Menschen, die er einlösen wird, wenn er wiederkommt in Herrlichkeit.

Als erster von allen hat er gegenüber Maria, seiner Mutter, diese Zusage eingelöst und sie aufgenommen in den Himmel – das betrachtet der Beter im vierten glorreichen Geheimnis. Maria wird für die Christen zur Vorläuferin und zum Vorbild der Hoffnung auf ein erlöstes Leben, das sich vom Tod nicht mehr aufhalten lässt und das sich ganz eingesenkt weiß in Gottes Gegenwart und Liebe. Ihre Vorrangstellung vor allen anderen Menschen wird besiegelt durch die Krone der Herrlichkeit, die sie von ihrem göttlichen Sohn erhält, wie es das letzte glorreiche Geheimnis betrachtet. So erstrahlt sie als „Königin der Engel und Heiligen" (Johannes Paul II.: *Rosarium Virginis Mariae*, 23) und nimmt vorweg, was für uns einmal Wirklichkeit werden soll.

Schwierigkeiten beim Rosenkranzbeten

Wer den Rosenkranz betet – ob nun schon seit Jahren oder erst seit einer kurzen Zeit – wird immer wieder mit Problemen und Schwierigkeiten konfrontiert.

Mancher tut sich schwer mit der bewussten Gleichförmigkeit und den Wiederholungen. Der Sinn monotonen Betens erschließt sich nicht unmittelbar. Wie für andere „Meditations-Techniken" gilt auch für den Rosenkranz: Jedes Meditieren muss erlernt werden. Ohne eine äußerliche und innerliche Hinführung wird der Einstieg in diese Form des Betens und der Betrachtung schwer. Daher ist es gut, den Rosenkranz nicht alleine zu beten, sondern sich ihn zusammen mit geübten Betern anzueignen. Hinzu kommt eine lange „Inkubationszeit". Wer den Rosenkranz die ersten Male betet, hat leider kein „Instant"-Erfolgserlebnis. Der Rosenkranz will geübt und gepflegt werden. Er braucht Konzentration, Mühe und Zeit. Dann wächst der Beter in eine Gottesbeziehung hinein, in der er entspannt, befreit vom Trubel der Zeit und andächtig auf Jesus schauen kann.

Jeder Rosenkranzbeter ist bestimmt schon einmal in Bedrängnis geraten, weil er sich mit den Perlen verzettelt hat: „Bin ich jetzt beim dritten oder vierten ‚Ave Maria'?" Wir kommen aus dem Rhythmus, Unruhe flammt auf, und die Gedanken verlieren ihren Halt. Das Mitzählen, das eigentlich die Perlen übernehmen sollen, kann sogar ablenken! Schnell werden wir unsicher und fallen mit unseren Gedanken aus der Betrachtung in die hektische Welt zurück.

Ebenfalls kann die Andacht auf der Strecke bleiben, wenn der Beter sich auf den Wortlaut fixiert. Die richtige Formulierung der Geheimnisse gibt es nicht – schon aufgrund der verschiedenen Übersetzungen. Wenn der Beter sich also verspricht, sollte ihn das nicht aus dem Konzept werfen.

Wie überhaupt beim Beten gilt auch hier: Abschweifende Gedanken sind nichts Böses, sie offenbaren vielmehr die Anhänglichkeiten des Herzens. Es bedarf der Übung, der Geduld und der Barmherzigkeit mit sich selber, diese Gedanken anzunehmen und in das Beten zu integrieren. So verlieren sie ihre Macht über uns und werden Teil unseres „Vor Gott Stehens".

Ich habe vor kurzer Zeit gehört, dass eine Frau aufgefordert wurde, den Rosenkranz zu beten, um eine bessere Christin zu werden. Werden wir wirklich bessere Christen, wenn wir den Rosenkranz beten? Ich denke ja, denn im Beten des Rosenkranzes können wir unentwegt auf drei Protagonisten schauen: Auf Maria, die wir um Fürsprache bitten, auf Jesus, dessen Leben, Sterben und Auferstehen wir betrachten, und schließlich auf uns selbst, indem wir uns ganz und gar vor Gott stellen.

Der Umkehrschluss, dass diejenigen, die den Rosenkranz nicht beten oder sich damit schwer tun, automatisch weniger gute Christen sind, kann hingegen nicht gezogen werden! Der Rosenkranz ist *eine* Form des Dialogs mit Gott, nicht die einzige. Wegen seiner Einfachheit (immer und überall zu beten, einfacher Text und die „Hilfskette“), seiner Flexibilität (Zeit mit Gott, Betrachtung, Reflexion oder Fürbitte mit Intention) und seines meditativen Charakters, der den Beter zur Ruhe kommen lässt, ist der Rosenkranz seit Jahrhunderten ein Königsweg des betrachtenden Gebets.

Die Geschichte des Rosenkranzes

Arten von „Gebetsschnüren“, in die sich der uns heute bekannte Rosenkranz einreiht, gab es im Hinduismus bereits im ersten Jahrhundert, bei den Muslimen seit dem neunten Jahrhundert, im westlichen Abendland ist der Rosenkranz seit über 800 Jahren bekannt.

Solche Gebetsschnüre dienten über viele Jahrhunderte als Zählmittel. Besondere Bedeutung erhielten diese Zählmittel durch die Bußbücher im achten Jahrhundert, denn entsprechend der auferlegten Buße wurden so 20, 50 oder mehr „Vaterunser“ gebetet.

Seit altchristlicher Zeit werden neben der täglichen Messfeier noch gewisse Gebetsstunden eingehalten, aus denen sich im Laufe der Zeit das kirchliche Stundengebet entwickelt hat. Grundlage hierfür waren die 150 Psalmen der Heiligen Schrift. Um auch der Schrift unkundigen Laienbrüdern und -schwestern den Zugang zum Stundengebet zu ermöglichen, wählte man 150 einfache andere Gebete, wie z.B. das Paternoster und das Ave Maria, zu deren Durchführung man sich jener Gebetsschnüre bediente.

Der Legende nach wird dem heiligen Dominikus, dem Gründer des Dominikanerordens, nachgesagt, er habe den Rosenkranz im Jahr 1208 bei einer Marienerscheinung empfangen und in seinem Orden eingeführt. Dieser Rosenkranz diente als „Waffe“ im Kampf gegen die Albigenser.

Der Kartäusermönch Heinrich von Kalkar gab im 14. Jahrhundert dem uns heute bekannten Rosenkranz seine „Form“: Je fünf Zehnerblöcke „Ave Maria“, das mit einem „Vaterunser“ eingeleitet und mit einem „Ehre sei dem Vater“ abgeschlossen wird. Die Bibelstellen, die für die schmerzhaften, freudenreichen, glorreichen und lichtreichen Geheimnisse verwendet wurden, gehen auf die „Clausulae“ (Schlusssätze) des Kartäusers Adolf von Essen von 1400 zurück.

Um 1600 werden den 50 „Ave Maria“ und fünf „Vaterunser“ drei weitere „Ave Maria“ und ein „Vaterunser“ hinzugefügt. Sie enthalten die Bitte um die Erlangung der drei göttlichen Tugenden Glaube, Hoffnung und Liebe.

Das Rosenkranzfest wird am 7. Oktober zu Ehren der „Jungfrau Maria vom Rosenkranz“ gefeiert. Es wurde von Papst Gregor XIII. im Jahr 1573 gestiftet, der damit seinen Dank für den Sieg der christlichen Flotte in der Seeschlacht von Lepanto ausdrücken wollte.

Der Name

In der Anfangszeit bezeichnete man den Rosenkranz als „Psalter Jesu und Mariae“ oder „Psalter der Jungfrau Maria“. Damals bezeichnete man sie als „Paternoster“-Schnüre, da man sich vornehm-

lich dem Gebet des Herrn widmete. Maßgeblich prägend für den heutigen Namen war der Dominikaner Alanus de Rupe (1428-1475), der 1470 eine der ersten Rosenkranzbruderschaften gründete. Zwei Erscheinungen im Mittelalter sind wohl der Anlass für die „Namensänderung“. Zum einen bezeichnete man eine Sammlung von Gebeten, Betrachtungspunkten als „Rosarium“ (Blütenlese), und zum anderen wird berichtet, dass Maria „ernstlichen Betern die `Ave´ aus dem Munde genommen und sie als Rosen auf eine Schnur gereiht haben soll“. Warum gerade „Rosen“? Die Rose gilt als Königin unter den Blumen.

Der Stoff und das Gewerbe

Die ersten „Paternoster“-Schnüre waren einfache Knoten in einer Schnur. Nach und nach ging man über zu größeren Samenkörnern oder Kugeln aus Holz, die auch, je nach Gesellschaftskreis, durch Edelsteine ersetzt wurden. Während in den ersten Jahrhunderten die Gebetsschnüre noch selbst hergestellt wurden, übernahmen später Drechsler-Zünfte diese Arbeiten. In größeren Städten (z.B. Paris ab 1260) gab es auch gewerbliche „Paternoster“-Hersteller, aus denen sich dann besondere Gilden bildeten.

Die Weihe und das Tragen

Die Weihe der Rosenkränze erfolgte wohl erstmalig unter Papst Julius II. (1503-1513). Ähnlich wie bei der Weihe anderer sakraler Gegenstände gibt es heute dazu einen eigenen Ritus. Frühzeitig wurden Gebetsschnüre öffentlich am Gürtel getragen, aber auch am Hals. Heute wird der Rosenkranz meist in der Tasche aufbewahrt.

Die Wiederentdeckung des Rosenkranzes

Von Carlos Azpiroz Costa OP , Ordensmeister der Predigerbrüder

Meine ersten Erinnerungen an den Rosenkranz reichen zurück in meine ersten Jahre an der Maristen-Schule in Buenos Aires und den ersten Rosenkranz, den ich in Händen hielt. Die Brüder vermittelten uns eine echte Liebe zu Maria als Mutter, die ihre geliebten Söhne und Töchter vorbehaltlos liebt. Auch als junger Mensch hatte ich ein „Gesätzlein" in meiner Tasche. Die Wiederholung des „Vaterunsers", des „Gegrüßet seist du Maria" und des „Ehre sei dem Vater" ließ dieses Gebet in meinem eigenen Leben Wurzeln schlagen.
Unlängst, während einer unserer Exerzitientage, dachte der Generalrat über das Mysterium des Todes nach. Einer der Mitbrüder erzählte, wie sterbende Mitbrüder fast immer nach ihrem Rosenkranz verlangen, sei es auch nur, um ihn zu halten. Ich entsinne mich des Filmes „Batismo de Sangue" (Bluttaufe), der Geschichte unserer brasilianischen Mitbrüder, die in den siebziger Jahren während der Diktatur Emilio Médicis gefoltert wurden. Frater Tito de Alancar ruft, als er aus dem Konventsgebäude

gezerrt wird, einem Mitbruder zu, seinen Rosenkranz zu holen. Was bedeutete ihm dieser in dieser Stunde des Schreckens?

Maria ist eine zentrale Figur unseres Glaubenslebens. Wir sehen sie als Tochter des Vaters, Mutter des Sohnes und Braut des Heiligen Geistes; und wir sollten sie auch als Glaubende im Tal der Finsternis und als Hoffende sehen, wenn wir uns in einer verzweifelten Situation wiederfinden. Man kann sie sehen als Beschützerin von schwangeren Frauen, die in Armut gebären, als Patronin jener Flüchtlinge, die in fremde Länder auswandern, um zu überleben, und als eine, die wacht, wenn ihr Kind verhaftet, gefoltert und getötet wird. Und dennoch sehen wir durch all das hindurch den Triumph ihres Glaubens, ihrer Hoffnung und Liebe. Papst Johannes Paul II. hat uns dazu eingeladen, das Antlitz Christi durch die Augen Mariens zu betrachten.
Was mag das für uns bedeuten? Als Ordensmeister bin ich ein Missionar, der seine in aller Welt verstreuten Brüder und Schwestern stärkt. Ich höre ihre Geschichten und sehe ihre Wirklichkeit. Ich entsinne mich der Gesichter schwer verwundeter christlicher Familien in Bahalwalpure (Pakistan); der Nachbarn unserer Schwestern in den ärmsten Slums von Kinshasa (Kongo); der Kinder, die uns im Kamerun nachliefen; im Bürger-

kriegsgebiet von Campodos (Tibu), Kolumbien; der Familien, die vor Gizo auf den Salomon-Inseln oder auf dem Fluss Urubamba im peruanischen Amazonasgebiet mit dem Boot Fischfang betreiben. Diese Bilder begleiten die Geheimnisse, und so wird der Rosenkranz zu meiner Fürbitte, die sich mit der Mariens verbindet. Die der Heilung Bedürfenden werden so Jesus zu Füßen gelegt.

Unsere Welt scheint ständig von Kriegen zerrissen zu werden. Mein erster Gedanke gilt dem vom Krieg zerrütteten Irak und dem nicht weit davon entfernten, andauernden Blutvergießen zwischen Israelis und Palästinensern. Das 20. Jahrhundert war ein Jahrhundert der Kriege und der Zerstörung auf dem ganzen Planeten. In den schlimmsten Augenblicken griffen die Menschen nach dem Rosenkranz und beteten um den Frieden. War nicht dies das eigentliche Ziel der Fatima-Andachten zur Bekehrung Russlands, und wurde Maria nicht als „Königin des Friedens“ angerufen? Wir wollen nicht die „Kalten Kriege“ herunterspielen, die innerhalb von Familien, von Gemeinschaften und innerhalb unseres Herzens und unserer Seele weitergehen. Kann der Rosenkranz uns nicht zum Frieden führen? Die Worte des Rosenkranzgebets sprechen vom Reich Gottes, vom täglichen Brot, von der Befreiung vom Bösen, von der Frucht des Leibes, von

Sündern und von der Stunde des Todes. Das Reich Gottes ist Gerechtigkeit und Frieden. Es ist nicht der Wille Gottes, dass Menschen mit Füßen getreten werden. Brot ist zum Teilen da. Vergebung ist zu gewähren. Die gesegnete Frucht des Leibes der Frau ist heilig. Ja, die Worte der Heiligen Schrift und unsere gelebte Betrachtung machen den Rosenkranz sowohl zu einem prophetischen als auch zu einem kontemplativen Gebet, zu einem Gebet, das zugleich ankündigt und anprangert, zu einem tröstenden und verwandelnden Gebet.

Ich sehe im Rosenkranz ein Gebet, das wirklich universal geliebt wird. Ob in Italien oder in der Ukraine, in Mexiko oder den Vereinigten Staaten, den Philippinen oder Vietnam, Kenia oder Nigeria, man findet dort den Rosenkranz, er wird gebetet und geliebt. Ich meine, ein Grund dafür ist, dass er sowohl etwas konkret Greifbares ist als auch ein Gebet. Fast jeder Katholik besitzt einen Rosenkranz. Man macht ihn zum Geschenk. Es ist etwas, das wir anfassen, in Händen halten und nach dem wir in schwierigen Augenblicken unseres Lebens greifen; es ist wie das Ergreifen der Hand Mariens selber. Der Rosenkranz wird uns „in der Stunde unseres Todes" in die Hände gegeben, und auch danach, wenn wir beerdigt werden. Die Gebete des Rosenkranzes sind Zusammenfassungen unseres Glaubens. Diese Gebete zu lernen, ist wie das Lernen des Sprechens; es ist der Beginn unseres Gebetslebens; ja, und es ist auch das Ende unseres Gebetslebens – Dein Wille geschehe „jetzt und in der Stunde unseres Todes". In der Jugend bekommen wir einen Rosenkranz, er wird uns bei der Einkleidung gegeben, und wenn wir beerdigt werden, haben wir einen an der Seite.

Brüder und Schwestern, gehen wir gemeinsam diesen Weg der Erneuerung des Rosenkranzgebets. Machen wir uns auf den Weg mit demselben Vertrauen, das Dominikus in die Gottesmutter Maria gesetzt hat.

Im heiligen Dominikus Ihr
Fr. Carlos Azpiroz Costa OP, Ordensmeister
1. Januar 2008, Hochfest der Gottesmutter Maria, Weltfriedenstag

Der Ordensmeister der Predigerbrüder Carlos Azpiroz Costa OP hat am 1. Januar 2008 in einem Brief an Freunde und Mitglieder des Dominikanerordens – die Brüder, die kontemplativen und apostolischen Schwestern und die Laien – geworben für die Wiederentdeckung des Rosenkranzgebets, das eng mit der Geschichte und Spiritualität des Ordens der Predigerbrüder verknüpft ist. Wir dokumentieren Auszüge aus dem Schreiben. Den vollständigen Wortlaut können Sie nachlesen unter www.op.org.
Carlos Azpiroz Costa OP ist Argentinier und wurde am 14. Juli 2001 auf dem Generalkapitel in Providence (USA) zum Ordensmeister, also zum Generaloberen der vom heiligen Dominikus gegründeten Gemeinschaft gewählt.

Weitere Informationen
Mehr Informationen zum Dominikanerorden finden Sie unter www.dominikaner.de.

Wenn Sie sich über das Noviziat der deutschsprachigen Dominikaner informieren wollen, besuchen Sie unsere Web-Seite oder schreiben Sie uns:
Pater Novizenmeister
Dominikanerkonvent St. Paulus
Paulusplatz 5
67547 Worms
www.noviziat.de und www.dominikaner-worms.de

Bibliografische Information Der Deutschen Bibliothek
Die Deutsche Bibliothek verzeichnet diese Publikation
in der Deutschen Nationalbibliografie;
detaillierte bibliografische Daten sind im Internet über
http://dnb.ddb.de abrufbar.

Bildnachweis:
Photos: Dominikanerkloster St. Paulus in Worms,
© Dominikanerprovinz Teutonia e.V.
S. 9: © akg-images/Electa;
S. 18–37: © akg-images/Electa
außer S. 25: © akg-images/Erich Lessing

Besuchen Sie uns im Internet: www.st-benno.de

ISBN 978-3-7462-2601-9

Umschlag: Ulrike Vetter, Leipzig, unter Verwendung
eines Bildes von © picture-alliance/Godong, Frankfurt a. M.
Gestaltung: Ulrike Vetter, Leipzig
Gesamtherstellung: Arnold & Domnick, Leipzig